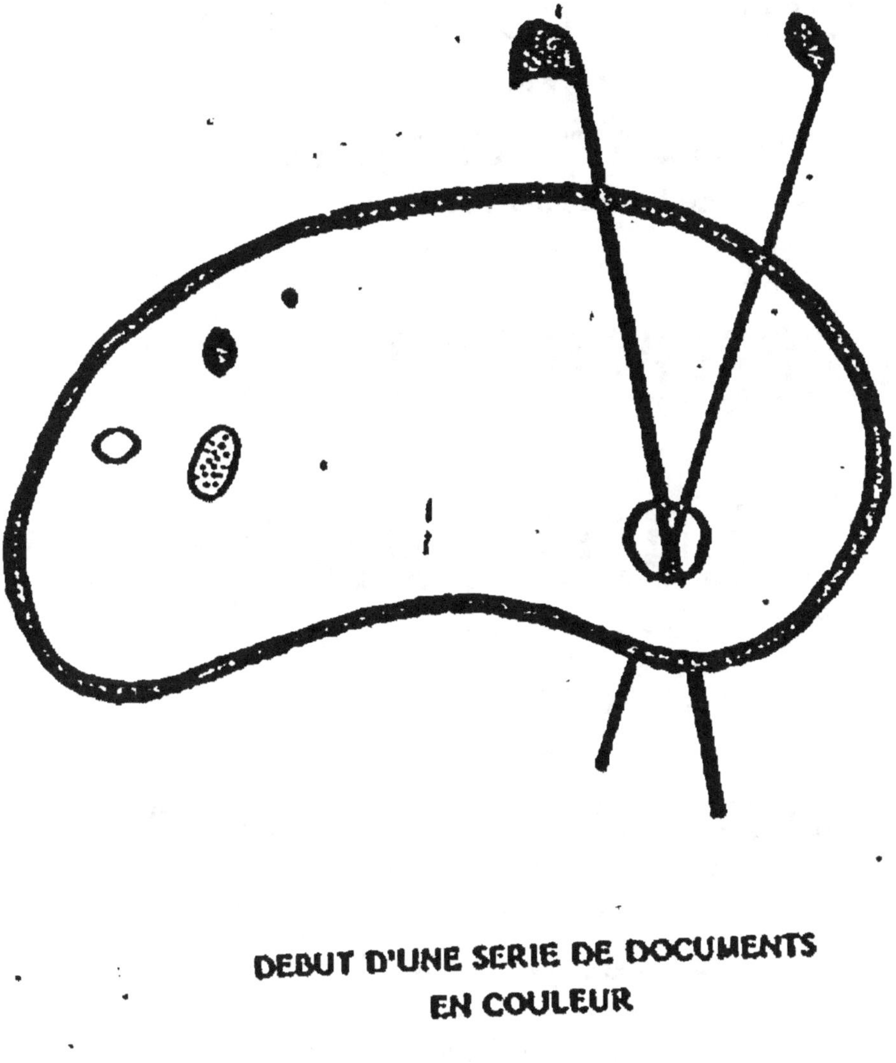

DEBUT D'UNE SERIE DE DOCUMENTS
EN COULEUR

ONZIÈME CONFÉRENCE

PAR

ALBERT VANDAL

de l'Académie Française

L'Alliance Russe

ET

L'Armée Française

ALLOCUTIONS

DE

MM. FRANÇOIS COPPÉE & JULES LEMAITRE

DE L'ACADÉMIE FRANÇAISE

17 Février 1901

PRIX : 0 FR. 25 CENT.

PARIS

BUREAUX DE « LA PATRIE FRANÇAISE »

97, RUE DE RENNES, 97

ANNALES
DE LA
Patrie Française
REVUE BIMENSUELLE POLITIQUE ET LITTÉRAIRE

Prix de l'Abonnement:

Paris et Province : Un An, 6 fr. — Étranger (Union Postale), 7 fr. 50

Le Numéro : 25 Centimes

RÉDACTION ET ADMINISTRATION :

196, Rue de Rivoli (*en face des Tuileries*), PARIS

Téléphone 295-71

Les bureaux sont ouverts tous les jours de 9 h. à midi et de 2 à 6 h.

CONDITIONS DE LA PUBLICATION

Les Annales de la Patrie Française paraissent le 1er et le 15 de chaque mois. Les abonnements partent du 1er et du 15 de chaque mois.

COMITÉ DE RÉDACTION:

MM. François Coppée, Jules Lemaître
Maurice Barrès, Marcel Dubois, Félix Jeantet
Louis Dausset, Gabriel Syveton.

PRINCIPAUX COLLABORATEURS:

MM. François Coppée, Jules Lemaître, Maurice Barrès,
Gyp, Mme Alphonse Daudet. Mlle Marie-Anne de Bovet.
MM. Godefroy Cavaignac, de Marcère, Lasies,
Mistral, Marcel Dubois, Henri Lavedan. Albert Vandal,
Alfred Rambaud, Longnon,
Henri Houssaye, Gabriel Syveton, Jacques du Tillet,
Emmanuel des Essarts. Edouard Grenier.
L. de Contenson, Félix Jeantet, Georges Thiébaud,
Léon Daudet, Louis Dausset, Frédéric Plessis,
Maurice Talmeyr, Georges Montorgueil, Grosclaude,
Georges Grosjean, Jacques d'Urville,
Georges Bonnamour, Colonel Monteil, Jules Domergue,
Jacques Normand, Jean Lahor,
Général Baron Rebillot. Maurice Pujo, Pierre Noilhan,
de Rancourt, Emile de Saint-Auban.
Gabriel Aubray, Théodore Botrel, Ardouin-Dumazet.
Maurice Spronk, Jean de la Brète, Henri Vaugeois,
Léouzon le Duc, André Chéradame, Emile Pierret.

COLLABORATION ARTISTIQUE

Gérôme, Detaille, Mme Madeleine Lemaire, Forain,
Caran d'Ache, Petit-Gérard, Gustave Bourgain,
Montenard, Victor Peter. Roger Jourdain, Morlon.

ANNALES
DE
LA PATRIE FRANÇAISE

Revue bimensuelle

**Organe Officiel
de la Ligue de La Patrie Française**

COMITÉ DE RÉDACTION

MM. François Coppée, Jules Lemaître
Maurice Barrès, Marcel Dubois, Félix Jeantet
Louis Dausset, Gabriel Syveton

Sommaire

PARTIE PÉRIODIQUE

Prix de l'Abonnement :

Paris et Province : Un An, 6 fr. — Étranger : (Union postale) 7 fr. 50

Le Numéro : 25 Centimes

RÉDACTION ET ADMINISTRATION :

196, Rue de Rivoli (en face des Tuileries) PARIS

TÉLÉPHONE 205-71

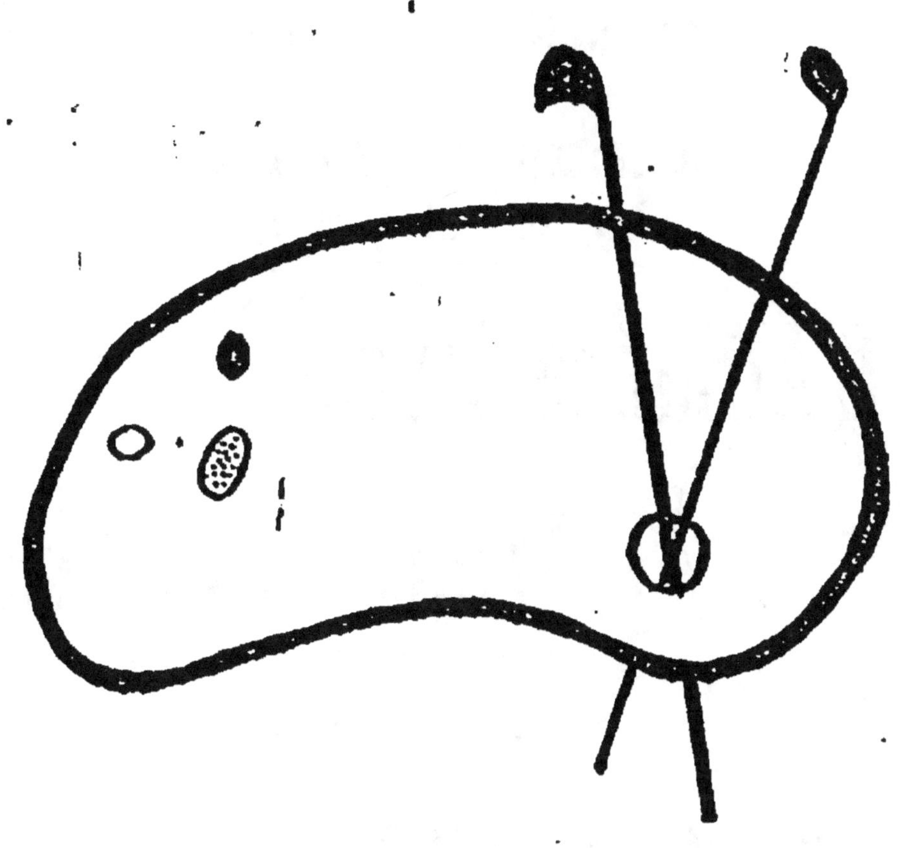

**FIN D'UNE SERIE DE DOCUMENTS
EN COULEUR**

ONZIÈME CONFÉRENCE

PAR

ALBERT VANDAL

de l'Académie Française

L'Alliance Russe

ET

L'Armée Française

ALLOCUTIONS

DE

MM. FRANÇOIS COPPÉE & JULES LEMAITRE

DE L'ACADÉMIE FRANÇAISE

17 Février 1901

PRIX : 0 FR. 25 CENT.

PARIS

BUREAUX DE « LA PATRIE FRANÇAISE »

97, RUE DE RENNES, 97

INTRODUCTION

Le 17 janvier, la *Patrie Française*, dans une réunion tenue à la salle de la rue d'Athènes, a célébré le deuxième anniversaire de sa fondation. Aux côtés de M. François Coppée, président d'honneur, et de M. Jules Lemaitre, président, ont pris place MM. de Marcère, le général Mercier, le colonel Monteil, Maurice Barrès, Forain, Dausset, Syveton, Félix Jeantet, Noilhan, Bonnamour, de Saint-Léger, Jousselin, Galli, Barillier, conseillers municipaux, etc.

M. François Coppée, dans une vibrante allocution, fréquemment applaudie, a rappelé l'œuvre néfaste accomplie par le gouvernement. Après lui, M. Jules Lemaitre, traitant aussi, avec sa finesse et sa netteté habituelles, « de l'événement du jour », a dénoncé l'hypocrisie de la loi sur les associations, cette loi de « défense républicaine » contraire au véritable principe républicain.

Puis, M. Albert Vandal, l'éminent académicien, a pris la parole. M. Vandal avait choisi pour sujet de sa conférence l'ALLIANCE RUSSE ET L'ARMÉE FRANÇAISE. Il apportait à l'étude de cette question, outre l'autorité de son grand talent d'historien diplomalique, une compétence particulière. Dans un magnifique langage, avec beaucoup de sagacité, il a démontré que le lien principal qui unit la France et la Russie, c'est la solidité de l'armée française.

Cette conférence, qui répondait aux préoccupations de l'heure présente, a été saluée par les acclamations de douze cents personnes. La France entière lira avec un puissant intérêt ces éloquentes paroles d'un grand historien patriote.

ALLOCUTION

DE

M. FRANÇOIS COPPÉE

Mesdames, Messieurs,

Il y a deux ans, à pareille époque, nous nous réunissions pour la première fois, et Jules Lemaitre — vous vous rappelez son admirable discours — poussait le cri d'épouvante et d'indignation de tous les bons Français en présence de l'anarchie parlementaire.

Depuis lors — nous le disons avec une profonde tristesse — cette anarchie n'a pas cessé d'exercer ses ravages sur notre malheureux pays. Malgré nos efforts pour la combattre par la plume et par la parole, malgré même l'imposante protestation des électeurs parisiens au mois de mai dernier, nous voyons toujours le gouvernement de la déchéance nationale poursuivre son œuvre criminelle et folle. Les sénateurs, à jamais déshonorés par les hontes de la Haute Cour, les députés qui se sont flétris eux-mêmes par tant de votes scandaleux, ont abandonné le pouvoir à une bande de jacobins dont la tyrannie, tantôt cynique et tantôt hypocrite, semble triompher aujourd'hui. *(Vifs applaudissements)*.

Bien que l'éblouissement électrique de l'Exposition soit éteint, et bien que l'heure paraisse favorable pour reprendre le bon combat, on sent dans l'opinion une sorte de fatigue, et les voix sont moins nombreuses qui s'élèvent pour accuser les malfaiteurs et pour les maudire.

Ils triomphent donc. Deux hommes populaires les gênaient ; ils s'en sont débarrassés. Marchand, le pur et intrépide soldat de Fashoda, est en Chine, sous les ordres d'un feld-maréchal prussien, et notre cher et grand Déroulède est toujours en exil. *(Cris répétés de « Vive Déroulède »).* Avec les concours des clients parlementaires qu'il arrose de sa sportule, le ministère a fait voter une loi inique qui n'amnistie que les défenseurs d'un traitre et les pilleurs d'églises. Le grotesque sectaire dont ils ont fait le chef de l'armée, achève de la désorganiser, y introduit la délation et la discorde et fait dresser les tableaux d'avancement dans les loges et dans les synagogues. On prostitue la Légion d'honneur, on peuple les tribunaux de magistrats à tout faire, et l'on prépare des lois iniques contre les droits les plus naturels. Demain on chassera et on dépouillera les religieux ; après-demain, on forcera les ouvriers à se mettre en grève, et l'on attentera ainsi à deux libertés essentielles et sacrées, celle de la prière et celle du travail. C'est ce que M. Waldeck-Rousseau, dans les journaux à ses gages, a l'audace d'appeler l'apaisement.

Eh bien ! nous ne nous apaisons pas, nous, à la Ligue de la Patrie française, car nous sommes convaincus que cette lassitude de l'opinion, excusable, en somme, après tant d'efforts, sera de courte durée. N'est-ce pas, ô patriotes qui m'écoutez, n'est-ce pas que nous n'aurons jamais cette atroce douleur de voir la France se résigner lâchement à l'injustice et accepter la servitude.

Non, le trop long cauchemar qui nous oppresse, aura son terme et je n'en veux pour présage que le frisson d'angoisse dont tressaillirent tous les bons Français devant les symptômes inquiétants qu'ils ont découverts récemment dans la presse russe. Tous nous avons eu alors la sensation que, par les fautes politiques de la basse coterie qui nous gouverne, était menacée et peut-être compromise cette précieuse alliance qui a permis à la France de relever son front si longtemps humilié. Je n'en dirai pas plus sur ce sujet, car il va être traité plus amplement devant vous par notre noble et courageux ami Albert Vandal, avec l'autorité que lui donne son admirable talent d'historien diplomatique.

Je vous rappellerai seulement les sereines et belles journées du mois d'octobre 1896, où les souverains russes étaient nos hôtes, où nous respirions tous une atmosphère d'espérance et de fierté et où régnait l'union absolue, la concorde parfaite entre les citoyens.

Hélas ! l'aspect de cet épanouissement national exaspéra nos ennemis cosmopolites, ils versèrent le poison dreyfusiste à la pauvre France, et le siècle a fini pour nous dans la haine et dans la douleur.

Aujourd'hui, du moins, nous connaissons d'où vient notre mal, nous voulons en guérir et nous sentons monter lentement, mais sans que rien puisse en arrêter le progrès, le flot de colère et de mépris qui balaiera tôt ou tard toutes les immondices parlementaires.

Quant au devoir de l'heure présente, il est, pour les patriotes, aussi évident qu'impérieux. Ils doivent, par des signes éclatants, comme ils le font dans la réunion de ce soir, affirmer à la Russie et à son jeune et magnanime empereur, que la France, toute la France *(longs applaudissements)*, restera inébranlablement fidèle au pacte d'amitié entre les deux nations, à cette alliance, qui a rétabli l'équilibre en Europe et lui assure la paix du monde.

Vive la France ! Vive la Russie !

(Salve d'applaudissements.)

ALLOCUTION

DE

M. JULES LEMAITRE

La Loi contre la liberté d'Association

Messieurs,

Nous sommes heureux de retrouver ici notre bienveillant auditoire. Il y a longtemps que nous ne vous avions convoqués. C'est que nos comités de Paris marchent bien et que nous avons dû nous appliquer surtout, depuis quelques mois, à l'organisation de la province. Mais notre ami Albert Vandal ayant consenti à prendre la parole devant vous — et sur quel grand et émouvant sujet! — je profiterai de l'occasion pour vous entretenir en peu de mots de l'événement du jour.

La loi sur les associations vient d'entrer en discussion à la Chambre. Cette loi, est, pour la Franc-Maçonnerie, « la grande pensée du règne ». C'est sans doute pourquoi la Chambre a inauguré les débats par un acte stupéfiant d'imbécilité. (*Rires et applaudissements.*) En cinq minutes, la même majorité ministérielle a déclaré qu'elle repoussait la séparation des Eglises et de l'Etat, mais qu'elle repoussait aussi le maintien du Concordat. Ainsi ils ne veulent,

pour les Églises, ou plus exactement pour l'É-
glise catholique (car les deux autres leur sont
amies), ni du pacte séculaire qui garantit son
existence matérielle, ni d'une liberté qu'ils en-
visagent avec terreur. Que veulent-ils donc?...
Oh! il y a du moins une chose qu'ils veulent
avec une netteté admirable : c'est l'assouvisse-
ment de leur haine et de leur cupidité par la con-
fiscation de la plus grosse part des biens des
congrégations. Après, on verra.

Je parle ici en toute indépendance d'esprit. En
fait de congrégations, je n'aime que les charitables : Petites Sœurs des pauvres, Sœurs de
Saint-Vincent-de-Paul, Frères de Saint-Jean-
de-Dieu, etc... Et je reconnais que plusieurs des
congrégations de cette espèce sont et resteront
sans doute autorisées. Les autres me sont assez
indifférentes. Je les défends, non par sympathie, mais par devoir, par amour de la justice,
et à cause de l'écœurement que me donnent la
bassesse et l'hypocrisie de leurs ennemis. (*Applaudissements.*)

Ce qui se prépare est plus odieux qu'on ne
peut dire. — Pour nous, bonnes gens, la question est bien simple. La liberté d'association est
de droit naturel. Elle facilite l'exercice des autres libertés. Elle en est la condition, au même
titre que la liberté de la presse.

Il est monstrueux que les citoyens n'aient pas
le droit de s'assembler, aussi nombreux qu'il
leur plaît, pour suivre en commun une règle
morale ou religieuse. Les gens qui forment les
congrégations sont des hommes et des femmes
qui ont eu la chance de trouver leur idéal de

vie. Ils sont tranquilles, heureux à leur façon ; ils ne demandent plus rien ; on est bien sûr que ce n'est pas eux qui troubleront la société (notez d'ailleurs que beaucoup la servent, en recueillant ses vieillards, ses malades et ses orphelins). Il serait à souhaiter que la France se couvrît d'inoffensives petites républiques de ce genre : congrégations religieuses, mais aussi congrégations de socialistes ou de positivistes, phalanstères agricoles, ou même libres couvents de philosophes désenchantés mettant en commun leurs ressources. (*Applaudissements*).

Il y a, je sais bien, le spectre de la « main-morte »... Une législation très simple parerait au danger par des taxes équivalentes aux droits de succession et de mutation, et en limitant, pour les communautés religieuses ou laïques, la faculté de posséder des immeubles. Voilà tout. Sous cette seule réserve, un État intelligent encouragerait le développement des congrégations, puisque leur façon de vivre est ce qui assure le mieux, à ceux qui s'y rangent, la tranquillité matérielle et la paix de l'âme, et puisque l'État est intéressé à ce que le plus grand nombre possible de citoyens vivent à leur gré et s'estiment heureux. — Nous poussons la liberté d'opinion jusqu'à croire que les trois vœux monastiques ne sont pas des délits. La pauvreté et la chasteté volontaires passaient pour des vertus, même dans l'antiquité païenne. L'Hippolyte d'Euripide est un jeune moine voué à Diane, et il y avait, près d'Athènes, un couvent de vierges sous l'invocation de la Troyenne Cassandre. Quant au vœu d'obéissance, j'ignore si les Fils de la Veuve le font, mais nous savons qu'ils se conduisent comme s'ils l'avaient fait. (*Rires et applaudissements.*) — Les congrégations offrent, à qui s'efforce de comprendre, des formes de la vie morale très nobles, très intéressantes — et apparemment aussi permises que la débauche privée ou le dilettantisme.

Ce n'est point, paraît-il, le sentiment de la majorité de nos législateurs. La loi proposée implique l'incompréhension et la haine de toute conception de l'existence qui s'écarte un peu trop de celle qui est propre aux penseurs de L'Acacia... Je ne vous exposerai pas ici le détail de cette loi ; vous en avez lu le texte. Tout ce que j'en retiendrai ici, c'est qu'elle conclut à la proscription et à la spoliation d'une catégorie de citoyens.

L'Etat a fait dresser la statistique des biens immobiliers des congrégations. Cela, paraît-il, dépasse le milliard. Quelle aubaine ! Il est vrai qu'en acceptant ce chiffre — à la probité duquel rien ne nous oblige à croire — nous trouvons (puisqu'il y a environ 140,000 congréganistes) que cela ne ferait guère que 7,000 francs par tête. Il est vrai aussi qu'une grande partie de ces immeubles consiste en ouvroirs, hospices, orphelinats. L'Assistance publique, dont vous connaissez le fonctionnement scandaleux, serait fort empêchée si cette clientèle lui retombait sur les bras, et c'est pour cela que l'Etat sera bien obligé de tolérer provisoirement les principales congrégations charitables. Mais alors, à quoi se réduit ou que signifie le prétendu milliard ?... Et que dirait-on, si nous allions, là-dessus, entreprendre la statistique des immeubles d'une certaine catégorie de financiers ? Il est probable que nous trouverions un peu plus de 7,000 francs par tête; et l'on assure cependant que les biens immobiliers de cette classe d'individus ne font qu'un dixième, au plus, de leur fortune, le reste étant « dans les affaires » ou à l'étranger ! *(Applaudissements).*

Le projet de loi Waldeck-Cocula-Trouillot passera, n'en doutez point. Il passera, encore obscurci et embrouillé. Des aveugles débats de la Chambre sortira un monstre de loi, incohérent et inintelligible, où la proscription même ne sera pas impartiale, et qui laissera tout, ou presque tout, à l'arbitraire de nos méprisables gouvernants. En vérité, une loi de radicale et universelle suppression serait moins immorale que cette loi hypocrite.

Cette loi sera le triomphe de la Franc-Maçonnerie. C'est elle qui l'a couvée dans les lâches ténèbres de ses Loges. La Franc-Maçonnerie, toute-puissante, bien que deux fois illicite d'après la législation actuelle, est la seule société qui n'ait qu'à perdre à la liberté d'association. Elle la repousserait si elle lui était offerte ; c'est elle-même qui le confesse dans ses bulletins. Elle préfère de beaucoup son privilège à une liberté partagée. Qu'a-t-elle besoin de la liberté? Elle est la force, étant le gouvernement lui-même.

Le plan maçonnique est clair. Dépouiller une partie des congrégations ; mater les autres. On dit que, depuis longtemps, le fonctionnaire astucieux qui est à la direction des cultes s'est appliqué à façonner l'épiscopat; que, dès qu'on lui signalé dans une ville, parmi les prêtres en vue, un homme quelque peu taré, il le bombarde évêque, et dès lors il le tient. Evidemment, ceux qui racontent cela exagèrent, mais ils n'inventent pas tout ce qu'ils racontent. — Dans une pensée assez semblable, au fond, à celle du F∴ Dumay, le F∴ André va alléger du sac militaire le dos des séminaristes. (*Rires.*) Pour ma part, j'ai toujours jugé que, du moment que le service était universel, il valait mieux que les séminaristes fussent mêlés aux autres bleus. Le F∴ André, dans cette circonstance, est donc plus clérical que nous.— Ainsi l'on se flatte que la nouvelle loi ne fera pas trop crier le clergé des paroisses. Quand la liberté d'association sera supprimée, on demandera aux Chambres la dénonciation du Concordat, et ce sera bien le diable si l'on ne vient pas à bout de l'Eglise.

La dénonciation du Concordat? Oserai-je dire que, tout bien pesé, j'y consentirais, — à condition que la liberté d'association fût entière. Alors enfin on saurait ce qu'il y a de religion en France. J'ajoute que j'exprime là une opinion qui m'est personnelle. — Mais la liberté des autres est ce qui fait le plus de peur et ce qui inspire le plus de haine à nos maîtres d'un jour.

L'impudence de ces gens-là déconcerte. Ils se disent républicains, seuls républicains, républicains *tabou*. (*Rires.*) Ils ont vécu de cette affirmation et en ont tiré mille profits divers, et ils renient sans aucun embarras les principes essentiels de la République, ceux mêmes qu'ils professaient il y a quelques années. — Après trente ans d'un régime bâtard de demi-tolérance, ils s'occupent de la liberté d'association ; et, en dépit des antiques déclamations de leurs bonzes, c'est pour la supprimer ! — Toutes les monarchies d'Europe, même l'Espagne, même l'Autriche, ont la liberté d'association ; nous ne l'avions pas hier, et demain nous l'aurons moins encore. Trente ans de République aboutissent à la plus cynique des tyrannies.

Qu'ils la fassent donc, leur loi ! Aux groupes de citoyens qu'elle frappera, je conseille nettement la résistance, jusqu'à la dernière extrémité, à la force publique. Leur honneur d'hommes leur en fait un devoir. (*Vifs applaudissements.*)

Ou plutôt attendons. Ce ministère n'a duré que par une série ininterrompue de crimes, de fraudes, de mensonges. Sa fin viendra. La justice (faisons cet acte de foi) aura son jour, et la raison finira par avoir raison, — surtout si les honnêtes gens les y aident un peu. Et je crois vraiment que, un peu partout, ils y sont décidés. (*Applaudissements.*)

* *

Et maintenant, Messieurs, je cède la parole à mon cher confrère et ami Albert Vandal, et je m'excuse d'avoir retardé votre plaisir.

Je n'ai pas à vous présenter Vandal. Je ne vous apprendrais point qu'il est un de nos plus éminents historiens, un des plus sagaces, des plus profonds et à la fois des plus colorés et des plus vivants ; qu'il a fait avec une science et un art admirables l'histoire des rapports de Napoléon Ier avec la Russie ; qu'il est donc assez bien préparé à nous parler de l'alliance franco-russe ;

et, enfin, qu'il vient de consacrer au 18 Brumaire des articles merveilleusement émouvants, — et combien « suggestifs ! » (c'est le cas, ou jamais, d'employer ce mot à la mode).

C'est, je crois, la seconde fois, en trois ans, que M. Albert Vandal fait l'effort de sortir de sa studieuse retraite. La première fois, c'était pour défendre l'Arménie livrée à l'égorgement par l'indifférence de cette horrible vieille Europe Le sujet qu'il traitera aujourd'hui n'est pas moins considérable et il nous touche encore de plus près.

Puisque j'ai nommé l'Arménie, je veux vous dire qu'il parait depuis quelques mois une petite revue intitulée : *Pro Armenia*. J'y collaborerais bien volontiers. Mais, chose bizarre, elle a pour rédacteurs des hommes qui se sont signalés par la fureur de leurs attaques contre notre institution militaire. Et pourtant, s'il était possible que notre pays reprit jamais son ancien rôle de défenseur des peuples opprimés, il semble bien que ce serait en appuyant son action morale sur une forte armée plutôt que sur des feuilles de revue...

M. Albert Vandal vous parlera de l'armée française avec la compétence d'un homme qui en a déroulé l'histoire devant les élèves de Saint-Cyr. Au reste, je ne sais ce qu'il nous dira. Je ne sais comment il appréciera l'œuvre du monstrueux F.˙. André ni comment il expliquera l'énigme de ses récentes reculades. Je sais seulement qu'il nous instruira, qu'il nous élèvera, et qu'il remuera nos cœurs. *(Longs applaudissements.)*

DISCOURS DE M. VANDAL

L'Alliance Russe et l'Armée Française

Mesdames, Messieurs,

Il y a un peu plus de quatre ans, en octobre 1896, l'empereur Nicolas II, quittant Paris, nous laissait des paroles à jamais précieuses et proclamait l'amitié franco-russe. L'année suivante, quand il reçut la visite du président Félix Faure, il s'engagea davantage ; il prononça la parole décisive, officielle, et publiquement il institua l'alliance. Entre ces deux événements, entre Paris et Peterhof, que s'était-il passé ? Un fait grandiose dans sa simplicité toute militaire : la revue de Châlons. L'empereur avait vu notre armée, il l'avait vue telle qu'elle est préposée à la garde de nos frontières mutilées, il l'avait observée en pleine activité, en plein labeur, et l'impression de ce spectacle, cette impression directe, cette impression par les yeux avait été telle, qu'il ne craignait plus de s'affirmer uni par des liens formels à une France si bien armée.

Un frémissement de joie parcourut le pays ; mais il y eut, parmi nos compatriotes, des hommes particulièrement autorisés à se montrer satisfaits et à s'enorgueillir. Ce furent les hommes de foi républicaine, les républicains convaincus et honnêtes. C'est qu'en effet, si le succès était grand pour la France, il l'était également pour la République. Née sous le coup de nos désastres, isolée dans l'Europe monarchique, entourée d'abord de défiances, la République actuelle n'avait pu, comme sa formidable aînée, s'imposer par effraction triomphante ; elle n'avait pas vaincu l'Europe, mais elle avait réussi finalement à la persuader.

En 1896, replacée aux mains d'hommes éclairés et probes, elle donnait l'impression d'un gouvernement à peu près indiscuté, ratifié par la presque unanimité des suffrages populaires, assez établi, assez fondé pour qu'un des premiers monarques de la terre n'hésitât plus à nous tendre la main et s'offrît à une cordiale étreinte. Par une occurrence au premier abord surprenante, il arrivait que la venue en France du puissant autocrate aboutissait parmi nous à une consécration de la forme républicaine.

Aujourd'hui, dans la France misérable, convulsée, toute en dissensions et en haines, la République est-elle plus forte ? Des hommes ont fait main basse sur elle ; ces modernes jacobins reprennent toutes les traditions de leurs devanciers, sauf la victoire. A l'intérieur, ils ont fait une République étroite et impure, oppressive et spoliatrice, menteuse à ses promesses de liberté et de justice, infidèle à ses serments, la République parjure (*Applaudissements*). Au dehors, ils nuisent aux alliances que la démocratie française a librement contractées. Ce gouvernement dit qu'il s'est institué pour défendre la République ; il ment ; il ne la défend pas, il la trahit (*Applaudissements répétés*).

Je ne suis ici que pour considérer avec vous l'extérieur. Depuis quelques semaines, l'opinion publique s'est vivement émue de certains articles parus dans un journal russe, dans un journal important de Saint-Pétersbourg. Ces écrits, quelle que soit leur valeur d'avertissement, je n'entends nullement les invoquer et les citer. Je ne veux pas, m'exposant au reproche encouru par nos adversaires, faire intervenir dans nos querelles intérieures la voix de l'étranger, alors même que cette voix est amie, alors même qu'elle s'exprime avec un tact, avec une modération attristée qui donnent à ses accents plus de sérieux et de gravité. Je laisse de côté ces articles ; pareillement, je laisse de côté les journaux anglais et même russes qui ont essayé de leur répondre, et je me borne à une réflexion : n'est-ce pas chose pour nous profondément humiliante, chose inouïe, monstrueuse, que de voir s'établir à l'étranger une controverse sur le point de savoir si le gouvernement français a entrepris, oui ou non, de désorganiser l'armée de la France, s'il commet le crime de félonie ! Mais, encore une fois, j'écarte toute polémique importée du dehors ; je m'en tiens aux faits, j'examine leur enchaînement et leur relation ; j'interroge le passé, je considère le présent, et j'y trouve réponse à ces deux questions si intéressantes pour la sécurité et la grandeur françaises : — Comment s'est faite l'alliance franco-russe ? Comment peut-elle se défaire ?

Pour vous rappeler comment l'alliance s'est faite, il faudrait plus qu'une brève causerie ; des volumes y suffiraient à peine. Les grandes évolutions internationales plongent toujours dans le passé de profondes racines. L'alliance russe est une actualité ; on ne saurait dire que ce soit une nouveauté. En France, plusieurs régimes très divers l'avaient poursuivie et manquée ; beaucoup d'esprits en étaient venus à la considérer comme une chimère à la fois obsédante et insaisissable.

. En 1870, il est certain que le cabinet russe fut moralement et diplomatiquement avec nos adversaires. Dans les années suivantes, on vit se maintenir entre les trois empereurs de Russie, d'Allemagne et d'Autriche-Hongrie, entre les trois chanceliers, une tradition d'intimité, une volonté de s'entendre, bien que l'on pût déjà discerner entre eux quelques-unes de ces dissidences qui sont inévitables en ménage, surtout ou même « dans un ménage à trois ». Survinrent, en 1877 et 1878, la guerre russo-turque, la crise orientale et ses conséquences européennes. La Russie put alors éprouver à ses dépens la valeur de l'amitié allemande. Elle vit le prince de Bismarck lui ravir subrepticement presque tout le fruit de ses victoires ; elle le vit se rapprocher plus étroitement de l'Autriche et s'annexer l'Italie, poser les bases d'une triple alliance dont elle serait exclue, et elle en conçut une amertume profonde.

Chez elle, un mouvement d'opinion commençait d'ailleurs à se dessiner contre les intrigues germaniques, contre l'ingérence de l'étranger. L'empereur Alexandre III personnifia ce mouvement. (*Vifs applaudissements.*) Ce souverain loyal, à « l'âme de cristal », à l'âme limpide et infrangible, détestait la duplicité et les obscures menées. En même temps, il voulait que la Russie fût exclusivement russe : ce fut le grand tsar nationaliste. Il sentait néanmoins le besoin de se fortifier d'une alliance, et l'idée lui vint de la chercher au-delà de l'Allemagne, dont le voisinage se faisait sentir par trop pesant et dangereux, de prendre son point d'appui sur la France et d'en faire l'un des fondements de l'équilibre européen qu'il entendait restaurer. (*Applaudissements.*)

Mais qu'était la France, pays en mal d'expériences politiques, terrain instable et mouvant ? C'est ici qu'intervinrent de notre côté, en faveur de l'alliance, des causes utiles à signaler. Il est incontestable que notre richesse financière, que l'abondance et la mobilité de nos capitaux contribuèrent au résultat. D'autre part, rendons hommage à ces intellectuels patriotes, aux écrivains, aux penseurs qui surent créer entre les deux peuples un courant de curiosité sympathique, un rapprochement d'âme. Il est juste aussi de signaler que nos hommes d'État d'alors, ceux du moins qui voulurent l'alliance, surent s'élever au-dessus des considérations de parti, se dégager de toute préoccupation d'intérêt personnel et parlementaire, pour se donner librement au grand but.

Citerai-je l'exemple de Gambetta ? Assurément, Gambetta ne saurait être considéré comme l'un des promoteurs de l'alliance, puisqu'il voulait nous orienter vers l'Angleterre. Il n'en considérait pas moins l'accord avec la Russie comme une ressource de l'avenir, il l'appelait « un capital en réserve ». Aussi, lorsqu'il prit la direction des affaires, l'un de ses premiers soins fut-il d'accréditer à Pétersbourg, non l'un de ses amis politiques, mais un diplomate de carrière, presque un diplomate d'ancien régime, M. de Chaudordy, capable de parler à Pétersbourg un langage approprié aux circonstances et au milieu. Ce choix était digne du chef du gouvernement qui appelait à la direction de notre état-major le général de Miribel, sans lui faire passer un examen sur ses opinions politiques et ses attaches. « Je prends les hommes où je les trouve », déclarait Gambetta. C'est à propos de ces nominations qui soulevaient les hurlements de la meute radicale, que l'honnête Spuller disait à M. de Chaudordy, avec une admiration un peu effarée : « Avouez que le patron a un rude estomac ! » (*Rires*) — « Oui, répondait l'autre, il a toutes les audaces. » En réalité, « le patron » avait l'instinct d'une politique large et vraiment nationale. Plus tard, le président Carnot, héritier d'un grand nom militaire et civique, des hommes tels que MM. Flourens, Ribot, Casimir Périer, Hanotaux, consacrèrent le meilleur de leur intelligence et de leur volonté à rassurer la Russie, à la ménager, à prouver que la République, dans ses rapports internationaux, était capable de fixité et de tenue. (*Applaudissements.*)

Malgré ces efforts, malgré la réciprocité croissante des sympathies, malgré l'entraînement des esprits, il fallut encore autre-chose pour que l'évolution du gouvernement russe se prononçât et aboutît. Les hommes d'Etat qui manient les destinées d'un grand empire ne se déterminent point par de purs motifs d'inclination et de sentiment. Ils calculent, supputent, évaluent froidement, et lorsqu'il s'agit d'un de ces mariages politiques qui se nomment une alliance, ils regardent très attentivement à la dot. Heureusement, la France en avait une. Dans le contrat qui se passa, notre apport, ce fut notre armée, notre force militaire réorganisée et intacte. S'il put y avoir mariage entre la France et la Russie, si l'alliance se fit, c'est que la France y entra dotée de son armée. (*Applaudissements.*)

En vérité, je vous le demande : dans notre France officielle, qu'est-ce qui avait bien pu séduire et attirer la Russie? Était-ce la succession de nos ministères, ce va-et-vient de figures pour la plupart fugitives ou fâcheuses? (*Rires.*) Était-ce la beauté de nos discussions parlementaires, la consistance et la splendeur de notre gouvernement? Était-ce tout cela? (*Rires.*) Vous me répondez unaniment : non. Seulement, derrière tout cela, derrière cette espèce de cinématographe confus et bruyant, la Russie distinguait nettement autre chose : la nation, meilleure que son gouvernement, et surtout la nation en armes, c'est-à-dire l'armée coordonnant, régularisant, conservant et perpétuant les énergies traditionnelles de la race. Les partis défilaient, les ministères tombaient, les présidents passaient, l'armée restait ; (*Salves d'applaudissements.*) elle restait, précisément parce qu'elle n'était la chose ni d'un gouvernement ni d'un homme, parce qu'on lui permettait de n'appartenir qu'à la nation seule et de participer à sa pérennité.

Pour expliquer comment l'armée prit, en

France, ce caractère exclusivement national, il est nécessaire de remonter assez haut dans le passé. A Dieu ne plaise que je veuille faire dater de 1789 la naissance parmi nous du sentiment patriotique ; trop d'exemples me contrediraient. Il n'en est pas moins vrai que, sous l'ancien régime, l'attachement à la France s'identifiait avec la fidélité, avec la dévotion à la personne royale. On a dit qu'alors le royalisme, c'était le patriotisme simplifié. Cela était si vrai qu'au moment de la Révolution, beaucoup de très bons Français purent croire que la patrie se déplaçait avec la royauté, qu'elle suivait au dehors les princes émigrés. Par contre, dans la masse des soldats et du peuple, la Révolution suscita un sentiment nouveau, une passion, avec une véhémence extraordinaire ; elle créa l'idée de patrie distincte et dissociée du sentiment monarchique. Au contact de l'étranger en armes, le peuple prit une conscience aiguë et exaspérée de sa nationalité, et lors des premiers combats, en 1792, devant l'Allemand envahisseur, quel est son cri de ralliement, son cri de guerre? Ce n'est plus l'antique *Vive le Roi!* ce n'est pas encore *Vive la République!* qu'est-ce donc? Ecoutez! Sur les plateaux de l'Argonne, devant les redoutes de Jemmapes, un cri s'élève, monte, grandit; il s'échappe à la fois de nos anciens régiments et de nos tumultueux volontaires; il emplit l'horizon, il gronde en tonnerre et va retentir victorieux au delà de toutes nos frontières : *Vive la Nation!* (*Tonnerre d'applaudissements.*) L'armée, comme la majorité de la nation, était alors ardemment révolutionnaire; ce fut elle qui sauva la Révolution; elle fit plus qu'en sauver l'existence, elle en sauva l'honneur. Après la grande crise, lorsque l'appel de Napoléon eut ramené parmi nous les Français dissidents, lorsque l'Empereur eut confondu dans ses légions les héros plébéiens et les fils d'émigrés, l'unité nationale se refit par l'armée. (*Applaudissements.*)

Depuis ces époques, en dépit et peut-être à cause même de nos vicissitudes politiques, à cause de ces perpétuels changements, l'armée en vint peu à peu à se faire un idéal supérieur à toute foi dynastique ou républicaine, à mettre avant tout l'idée de patrie toute pure, toute nue, et à se serrer uniquement autour du drapeau. Vous n'avez pas oublié la parole illustre qui domina le procès Bazaine. Comme l'accusé essayait de se justifier en alléguant que la chute du gouvernement légal le déliait de tout devoir positif et que rien ne restait debout au milieu des institutions écroulées, le duc d'Aumale lui répondit : « La France existait toujours! » (*Longs applaudissements.*) Cette parole était moins celle d'un prince d'antique lignée que celle d'un vrai soldat de France. L'armée tout entière la ratifia. Elle l'avait comme préjugée, en y conformant d'avance sa conduite.

Après nos désastres, on vit l'armée se confiner de plus en plus dans son devoir à la fois immense et spécial. Pendant les premières années, sous un gouvernement quasi anonyme, elle travaille dans le deuil et le silence, elle travaille sans relâche à rendre un instrument de défense à la patrie saignante et menacée. Les institutions républicaines s'établirent. Certes, si ces institutions se fussent heurtées dans l'armée à des résistances séditieuses, le gouvernement eût eu le droit strict et le devoir de les réprimer. Eût-il jamais à le faire? Les officiers dont se composaient nos cadres avaient le droit de garder d'intimes préférences; quelques-uns conservaient des regrets plutôt que des espérances, mais ces sentiments ne sont-ils pas toujours demeurés à l'état platonique? Voyons, messieurs, tous tant que nous sommes, nous avons passé plus ou moins par l'armée. Eh bien? interrogeons nos souvenirs; à la caserne, au quartier, à la chambrée, au *mess* des officiers, avons-nous jamais entendu un seul mot de politique? A la porte de ces locaux militaires, la politique était consignée, à tel point qu'après notre temps de service, nous nous étonnions que tant de choses se fussent passées à notre insu et qu'il nous fallait apprendre l'histoire intérieure de la France pendant toute une période.

Cette armée qui écartait la politique comme un péril et un dissolvant, les partis avaient alors la sagesse de la tenir en dehors de leurs dissensions et de leurs tumultes. A l'exception de quelques groupes qui rampaient dans l'ombre et qui n'eussent osé affirmer leurs projets antinationaux, tout le monde révérait l'armée, tout le monde s'appliquait à la préserver des souillures de la politique. En quelque manière, l'armée avait pris la place qu'occupe en d'autres pays la monarchie traditionnelle (*Applaudissements*). Extérieure et supérieure aux partis, elle apparaissait comme la plus haute expression de la patrie; elle en incarnait la permanence et la stabilité. A la vénération dont chacun l'entourait, à la tendresse respectueuse qui s'attachait à elle, on eût pu appliquer le beau nom de loyalisme (*Applaudissements*).

Cette intangibilité de l'armée, cette persistance de l'esprit et de la tradition militaires dans un pays où tout était oscillant et variable, voilà ce qui frappait vivement l'étranger. Que la France, qui avait à peine un gouvernement, eût tout de même une armée, c'était pour l'Europe sujet d'étonnement et d'admiration; on y trouvait la preuve de notre persistante vitalité. (*Applaudissements.*) Pour ma part, j'ai constaté cette impression chez certains Allemands considérables. En Russie, on était particulièrement intéressé, ému et charmé.

Les deux armées se connaissaient de longue date, et il semble y avoir eu entre elles, de tout temps, d'instinctives affinités. Elles s'étaient souvent combattues, parfois rapprochées, toujours estimées. Au plus fort des guerres, elles luttaient l'une contre l'autre sans haine, et on sait que, dans les intervalles de répit, les officiers des deux nations se donnaient volontiers des témoignages de courtoisie chevaleresque et presque de sympathie. Je n'ajouterai rien à ces traits si connus et dont la guerre de Crimée nous fournit les derniers exemples, si ce n'est un épisode que je tiens de source directe et qui me paraît empreint d'une saveur particulière. Un jour, devant Sébastopol, au lendemain d'une chaude affaire, une trêve avait été stipulée, afin que l'on pût enterrer les morts et relever les blessés. Sur le terrain du combat, les officiers des partis en présence, Français,

Anglais, Russes, se promenaient, s'abordaient, échangeaient compliments et cigares. Cependant un Anglais s'approche d'un officier russe et lui dit, avec une familiarité rogue : « Eh ! bien, Monsieur le Russe, quand prenons-nous Sébastopol ? » Le Russe lui répond vertement : « Sébastopol, les Français le prendront peut-être, mais vous, jamais ! » (*Rires et applaudissements.*»

En Russie, notre prestige militaire avait survécu à nos revers. Le passé de la France guerrière était si grand, il s'illuminait d'une telle gloire qu'une infortune momentanée n'avait pu l'abolir. (*Applaudissements.*) Avant même qu'il fût question d'alliance, notre uniforme, nos grades, nos distinctions honorifiques restaient en spéciale estime. Tenez, voici encore un petit fait, mais il me paraît expressif d'un état d'esprit. Il y a onze ans, je me trouvais aux environs de Pétersbourg, avec un ami, et nous venions d'assister à une grande revue. Dans le wagon qui nous ramenait en ville, plusieurs officiers russes, en tenue, causaient entre eux. L'un de ces officiers portait, sur sa poitrine diverses décorations. A l'un de ses camarades, assis près de lui, et qui les regardait curieusement, il les désignait l'une après l'autre, non sans quelque indifférence. A la fin, touchant du doigt une petite croix d'émail pendant au bout d'un ruban rouge — *un bijou coulant d'une blessure*, a dit Rostand — il prononça ces mots avec une fierté beaucoup plus marquée : « Celle-là, c'est la Légion d'honneur. » A nous, qui observions la scène en témoins inconnus et muets, il parut que la petite étoile s'agrandissait d'un rayonnement mystique, qu'il en sortait des lueurs de victoires françaises, de victoires lointaines. (*Longs applaudissements.*) Cette étoile, belle d'un immatériel éclat, vous savez ce que nos gouvernants en ont fait. Ils en ont fait une monnaie pour payer de malpropres entremises et d'indignes services. (*Applaudissements répétés.*)

Ainsi, tout ce qui venait de la France militaire était agréable et précieux aux Russes. Notre gouvernement n'en fut que mieux inspiré après la guerre, lorsqu'il se fit représenter à Pétersbourg par des ambassadeurs d'épée, par des généraux dont l'uniforme était, à lui seul, le meilleur titre de créance. Le général Le Flô, dont nul ne constestera les convictions républicaines, Chanzy, Appert remirent tout de suite la France en bonne posture auprès d'une cour fortement hiérarchisée, conservant le culte des traditions et des prérogatives militaires. Leur grade plus que leur fonction leur assura de familiers accès auprès du tsar et des princes. Leur franchise, leur loyauté dissipèrent bien des méfiances. Ils furent les premiers à semer le bon grain qui devait germer et lever dans la suite; ce furent les lointains préparateurs de l'alliance. Parmi les Russes, l'un des précurseurs, n'est-ce pas un grand soldat, un cavalier épique, Skobelef? (*Applaudissements.*) Avec une fougue de général d'avant-garde, il luttait pour la bonne cause et exécutait contre l'alliance allemande des charges à fond de train.

En même temps, des officiers d'esprit plus

froid et posé, des techniciens, des administra-
teurs, les chefs et les organisateurs de l'armée
russe, considéraient incessamment la nôtre. Ils
admiraient son activité calme et recueillie, la
somme d'efforts qui se dépensaient dans nos
rangs ; ils admiraient cette armée nourrie de
fortes traditions et en même temps très moderne.
Ils considéraient attentivement ses progrès, ses
méthodes, ses perfectionnements techniques,
et parfois s'en inspiraient.

Lorsque en 1888 M. de Freycinet eut reçu le
portefeuille de la guerre, le gouvernement impérial sollicita l'autorisation de faire fabriquer pour
son compte des fusils dans notre manufacture de
Châtellerault. Le ministre français eut le bon
esprit de se prêter à cette expérience ; des arran-
gements spéciaux furent pris et ensuite s'élargi-
rent. Les deux armées prirent plus intimement
contact. De nombreux officiers russes se rendirent
à Paris. Guidés dans leurs travaux par le général
de Miribel, par son collaborateur et successeur,
le général de Boisdeffre, déjà connu et apprécié
en Russie, ils s'initièrent à nos procédés de
mobilisation, d'approvisionnement, de trans-
ports. Les bureaux de la guerre leur devinrent
une sorte d'école technique et pratique où ils
s'instruisirent, où ils laissèrent aussi des ensei-
gnements.

Entre les deux états-majors, entre les deux
armées, une habitude de se confier et de se
tout dire, une collaboration s'établissaient déjà,
précédant les accords politiques. Enfin, quand
les choses sont mûres, qu'est-ce qui produit
l'éclosion, l'explosion, la commotion électrique

qui soulève les deux peuples et les fait vibrer à l'unisson? C'est l'apparition à Cronstadt de nos soldats de mer, c'est la venue en France des uniformes russes, circulant dans nos rues en fête et nos cités fleuries. Les deux nations se touchèrent et se rapprochèrent par leurs armées, avant que les chancelleries eussent verbalisé et que l'alliance eût pris forme d'instrument diplomatique. La Russie avait vu nos officiers, nos soldats, nos marins, nos canons, nos fusils, nos engins; elle était convaincue; elle possédait désormais sa sécurité et son gage. (*Applaudissements.*)

Cette garantie, nos gouvernants actuels l'affaiblissent, en attendant que les factions antifrançaises et antisociales qui les entourent, qui forment leur garde du corps, lui portent d'irrémédiables atteintes. Ils laissent péricliter l'alliance, parce qu'ils laissent attaquer ce qui en fait la force intime et la substance. Doit-on s'en étonner, quand on considère quels hommes ont entrepris de mener la bande, la tribu gouvernante? Au premier rang, à la présidence du conseil, qui voyons-nous? Un homme qui a mis successivement au service des causes les plus opposées son éloquence lucrative. (*Rires et applaudissements.*) Changeant de conviction à mesure qu'il change d'intérêt, fidèle seulement à de bas instincts et à des haines froides, il présente ce phénomène curieux d'être à la fois sceptique et sectaire. (*Applaudissements.*) Avocat habile, avocat indifférent, il semble aujourd'hui avoir pris à forfait la destruction de toutes nos forces vives, et il n'a vu, dans la conduite des affaires publiques, qu'une cause à gagner contre la France. (*Longs applaudissements.*) Est-il surprenant que de tels hommes, asservis aux passions et aux factions désorganisatrices, aient reconnu dans l'armée un obstacle, un reproche muet, une importune survivance ? Dans les péripéties de l'Affaire, dans l'émoi qu'elle avait suscité parmi nos officiers en proie à d'indignes attaques, il ont trouvé prétexte à déchaîner leur hostilité jusque-là latente contre l'institution militaire. (*Mouvement.*)

Le plus triste, c'est qu'un officier général s'est trouvé pour s'associer à leur besogne. Lorsqu'il ont nommé le général André ministre de la guerre, par quoi se recommandait-il à cette désignation ? Avait il fait preuve d'un mérite transcendant, commandé des armées, organisé des expéditions ? Avait-il développé de hauts talents de chef et d'organisateur ? Nul n'oserait le soutenir. Seulement, il était populaire dans les loges, dans ces ateliers de tyrannies subalternes surnoises. Là, on le connaissait ; on chuchotait tout bas : c'est notre homme, c'est lui qu'il nous faut. On le tenait en réserve. A l'heure dite, on l'a poussé en scène, et depuis lors nous avons vu à l'œuvre ce prétorien de la franc-maçonnerie. Détruire et ravaler, telle est sa passion, sa rage, sa manie, sa névrose. (*Mouvements prolongés.*)

Mais la question est plus haute que M. le général André, et ce serait la rabaisser que de nous occuper trop de lui. (*Applaudissements.*) Quoi qu'il en dise, son existence ministérielle est peut-être éphémère ; c'est un accident qui aspire à se transformer en événement. (*Applaudissements.*)

Fait plus grave, il existe un mot d'ordre dans tout le personnel gouvernant et influent, parmi les hauts sectaires autant que parmi les violents destructeurs.

Le but, c'est de faire en sorte qu'il y ait en France le moins d'armée possible. Il existe dans ce sens une doctrine, une coalition de désirs et de volontés, une poussée collective, et les actes par lesquels elle se manifeste ne sont que trop notoires. Le haut commandement atteint dans ses sommités les plus respectables; les règles de l'avancement bouleversées; un favoritisme éhonté; les grades refusés au mérite, dispensés à de tristes compromissions; nos grandes écoles militaires frappées; le service des renseignements à l'extérieur désorganisé; par contre, l'espionnage merveilleusement organisé contre nos officiers; une tyrannie tracassière s'appesantissant sur eux et s'insinuant dans tous les actes de leur vie; leurs relations, leurs fréquentations surveillées et commandées, alors qu'en Allemagne l'empereur s'interdit le droit d'imposer aux officiers d'un régiment un camarade qui leur déplaît; une inquisition minutieuse et vexatoire s'étendant de tous côtés; le ministre de la guerre, par l'oreille de ses agents, écoutant aux portes, recueillant les propos de salon, recueillant les commérages d'antichambre et de loge; le ministre de la guerre descendant chez la portière (*Mouvement*); beaucoup d'officiers réduits à quitter le service par lassitude et dégoût: une déperdition continue de force et de substance; enfin, dans certains milieux politiques et légiférants, la réduction du temps de service annoncée comme surenchère électorale, une tendance marquée à transformer l'armée en milices dépourvues de cohésion et de discipline; au total, un effort persévérant et exaspéré pour diminuer la capacité professionnelle et la valeur morale de l'armée, voilà le système, voilà l'œuvre, voilà le crime. (*Mouvement prolongé. — Applaudissements.*)

Par opposition, j'ouvre le règlement russe édicté en 1874 pour l'institution du service obligatoire, et j'y lis : « Les événements récents ont montré que la force d'un État n'est pas seulement dans le nombre de ses soldats, mais aussi dans leur valeur morale ». Que doivent donc penser les Russes, quand ils voient chez nous un gouvernement qui s'efforce de démoraliser nos officiers et nos soldats, en rétrécissant leur idéal, en prétendant le dégager de toute préoccupation supra-terrestre, en persécutant les consciences et les croyances, en défendant à nos marins de révérer le vendredi saint et le grand mystère d'abnégation, en cultivant les passions basses, en payant des primes à la délation, en ne voulant plus que fronts courbés et âmes déprimées ?

Cette guerre à l'esprit militaire, à cet esprit fait à la fois d'abnégation et de fierté, cette guerre à la tradition et à la hiérarchie militaires, doit apparaître aux Russes chose incompréhensible ; elle doit bouleverser toutes leurs idées, toutes leurs notions ; elle doit leur sembler signe d'égarement et de perversion d'esprit. Chez eux, la hiérarchie militaire et la hiérarchie civile se confondent. Le gouvernement et le commandement ne sont pas seulement de nécessaires alliés, ils semblent ne faire qu'un. Un voyageur en pays slave s'entendait récemment adresser ces curieuses paroles : « Grâce à Dieu, la France est avec nous ! mais apprenez-moi, s'il vous plaît, une chose que j'ignore encore ; quel est le grade du président de la République ? — Son grade ? — Oui, est-il général de division ou général d'armée ? (*Rires et applaudissements.*) — Mon Dieu, chez nous, les fonctions civiles n'ont rien de commun avec la hiérarchie militaire... » Qu'elles soient distinctes de la hiérarchie militaire, c'est chose naturelle et nécessaire dans notre France moderne, mais qui expliquera jamais aux Russes comment il se fait qu'en France la hiérarchie civile s'acharne contre l'autre, qu'elle la tienne en méfiance, et qu'aux yeux de notre gouvernement, la grande suspecte, ce soit l'armée ? (*Applaudissements.*)

Considérons maintenant les choses d'un point de vue plus spécial et pratique. Une alliance doit être toujours en éveil, toujours prête à entrer en action, à se modeler sur les circonstances politiques et militaires. Or, l'année dernière a vu de grands événements. L'impérialisme britannique s'est cyniquement affiché et glorifié ; la guerre du Transvaal a révolté la conscience universelle ; la Chine s'est ouverte à toutes les rivalités, à toutes les convoitises. En face de tels événements, en face de l'accord anglo-allemand se traduisant par des actes, il est naturel de penser que la France et la Russie ont eu à se consulter, à se concerter, à s'interroger sur leurs volontés et leurs moyens.

Nul n'ignore qu'à la base de leur entente se trouve un pacte de défense mutuelle et matérielle, une combinaison éventuelle des forces, une convention militaire. Cette convention peut appeler des retouches s'adaptant à la tournure nouvelle des circonstances ; elle nécessite au moins entre les deux commandements des relations étroites et serrées, une observation et une vigilance communes. Eh bien, supposons — le fait n'est-il que vraisemblable ? — supposons qu'au cours des derniers événements les représentants autorisés de l'armée russe, les délégués d'une pensée à la fois prudente et forte, soient venus à Paris avec mission de causer et de travailler. Au ministère de la guerre, qu'ont-ils trouvé, dans le moment le plus pressant de la crise? Un généralissime réduit à démissionner, un chef d'état-major réduit à démissionner, des disparitions successives, des organismes s'effondrant ; entre des compétences écartées et des compétences à improviser, ils n'ont rencontré que le vide : disons plus, dans un corps autrefois consistant et robuste, ils ont trouvé la gangrène politique, une décomposition prémédi tée, un désarroi volontaire. Quelle impression ont-ils dû remporter dans leur pays? Sur les lèvres de ces fidèles serviteurs de leur maître, de ces loyaux alliés, quelles expressions ont dû venir, assez dures, assez infamantes, pour caractériser les politiciens qui sacrifient leur pays à leur parti? (*Mouvement prolongé.*)Mais je ne voudrais pas pénétrer dans ces arcanes que l'histoire éclaircira ; j'aime mieux rester sur le terrain du bon sens et de la logique, sur celui des déductions inévitables, et je me demande :

les Russes peuvent-ils échapper à un raisonnement qui s'impose et ne pas se dire : — Nous avons traité avec une France munie de tous ses moyens, puissance militaire de premier ordre : quel intérêt aurions-nous à rester les alliés d'une France qui consentirait à n'être plus qu'une ex-puissance militaire, une forteresse démantelée de ses propres mains, une place de guerre déclassée? (*Mouvement.*)

Est-ce à dire que nous devions rester sur une conclusion par trop pessimiste? Pour ma part, je ne le crois pas : si grand que le danger puisse devenir, je ne pense pas que l'alliance soit dès à présent compromise. L'irréparable n'est pas survenu ; même, depuis quelques jours, d'étranges symptômes d'hésitation et de revirement se manifestent chez nos ministres. Que s'est il donc passé? Des bruits ont couru ; on a parlé de conversations et de pourparlers diplomatiques, d'engagements pris. Je refuse créance à ces bruits. (*Applaudissements*). Il m'en coûterait trop d'admettre que la politique du ministère a eu pour ultime et cruel effet de nous infliger cet excès d'amertume, de provoquer dans nos affaires intérieures une intervention de l'étranger, intervention par trop humiliante. (*Applaudissements*). J'aime mieux croire que nos ministres ont puisé dans le sentiment de leur intérêt une espèce de pudeur et de remords, qu'ils voudraient s'arrêter ; les passions qu'ils ont ameutées leur en laisseront-elles le pouvoir? D'autre part, le gouvernement impérial affirme son désir de maintenir l'amitié « étroite et invariable » qui unit les deux pays. (*Applaudissements.*) Nous devons l'en croire, et la sollici-

tude patriotique de nos diplomates, de nos représentants à l'étranger, est là pour entretenir ces
dispositions dans les limites du possible. Que le
danger soit né, qu'il existe, qu'il demeure en
perspective, personne ne saurait, suivant nous,
en disconvenir. J'estime qu'il s'est simplement
éloigné.

Pour l'écarter définitivement, il suffit que
le public français en prenne nettement conscience. Ce n'est pas à l'étranger de nous
avertir. (*Applaudissements.*) L'avertissement
doit venir de nous-mêmes, de notre perspica-
cité, de notre patriotisme clairvoyant. Il suffit
que chaque électeur français, armé de son bul-
letin de vote, se dise : voter contre les factions
désorganisatrices, c'est voter le maintien de
l'alliance, la sécurité des relations franco-russes ;
c'est vouloir en effet que la France demeure au
regard de l'étranger, dans toutes les complica-
tions et combinaisons qui pourront se produire,
une valeur appréciable et recherchée. (*Applaudissements prolongés.*)

Après 1870, un célèbre homme d'État russe,
le chancelier Gortchakof, disait à un diplomate
français qui lui insinuait pour l'avenir la possi-
bilité d'un rapprochement : « Soyez forts, soyez
très forts. » Pour que nous soyons forts vis-à-vis
de l'étranger, que faut-il donc ? Il nous faut
préserver avec un soin jaloux nos institutions
militaires et les mettre à l'abri de toute atteinte.
Puisque l'armée s'abstient d'empiéter sur le
domaine politique, nous avons le droit de dire :
qu'on la laisse tranquille, qu'on la laisse travailler. En second lieu, pour être forts, que

faut-il? Il faut être unis ; c'est la sagesse proverbiale des nations qui nous l'enseigne. Or, le gouvernement actuel s'attache à perpétuer parmi nous les divisions et les discordes. Il est né de la haine, il l'exploite, il en vit ; la France peut en mourir (*Longs applaudissements.*) C'est pourquoi il nous faut opposer à ce système délétère, à ce régime toxique, une politique vivifiante et cordiale, une politique qui puisse nous présenter un avenir apaisé ; la réconciliation nationale par le droit commun reconnu et garanti à chacun ; la pacification par la liberté. Sachons nous montrer les véritables hommes de liberté et de progrès. Qu'on dise de nous : ils ne veulent proscrire qu'une chose, l'exclusivisme ; en fait de réaction, ils n'en admettent qu'une, la réaction du bon sens. Depuis trop longtemps, on gouverne en France contre quelqu'un ; l'avenir est à ceux qui gouverneront pour tout le monde. Ce système prévaudra finalement, car il est le seul qui réponde à la modération foncière et à la sagesse intime du peuple de France. Nos alliés gardent en nous leur confiance, parce qu'ils connaissent ce peuple avec lequel ils ont conscience d'avoir contracté et stipulé ; ils espèrent et attendent beaucoup de lui ; ils attendent que la vraie France, la France saine, celle des honnêtes gens de tous les partis, se libère, se ressaisisse et s'affirme (*Salve d'applaudissements*).

Paris. — Imp. HARDY et BERNARD, 80, rue de Bondy

ORIGINAL EN COULEUR
NF Z 43-120-8

On peut se procurer aux bureaux de la PATRIE FRANÇAISE, 97, rue de Rennes, les publications de *La Patrie Française*.

1° **La Patrie Française**, par J. Lemaitre.

2° **L'Avenir de la Patrie Française**, par Marcel Dubois, avec une allocution de François Coppée.

3° **La Terre et les Morts**, par Maurice Barrés.

4° **La Nation et l'Armée**, par F. Brunetière.

5° **Où sont les Intellectuels**, par R. Doumic, avec une allocution du général Mercier.

6° **L'Œuvre de la Patrie Française**, discours-programme, par Jules Lemaitre.

7° **L'Alsace et la Lorraine**, par Maurice Barrés

8° **L'Esprit de Secte**, par R. Doumic, avec une allocution de J. Lemaitre.

9° **Parlementaire et Plébiscitaire**, par Georges Thiébaud

10° **L'Action républicaine et sociale de la Patrie Française**, par Jules Lemaitre.

11° **L'Alliance russe et l'Armée française**, par Albert Vandal, allocutions de François Coppée et de Jules Lemaitre.

Ces brochures sont envoyées *franco* pour la propagande à toute personne qui en fait la demande, à raison de 2 francs le cent.

On peut également se procurer à LA PATRIE FRANÇAISE :

Opinions à répandre, par Jules Lemaitre, 1 vol. in-18 jésus de 365 pages............ 3 fr. 50

La Mission Marchand, par G. Bonnamour.

L'Université et la Nation, par G. Syveton.

La Franc-Maçonnerie, par J. Lemaitre.. 0 fr. 50

L'Affaire, par Ch. Descotay, préface de Jules Lemaitre................ 0 fr. 50

Le Cabinet Dreyfus, par Ch. Descotay... 1 franc.

L'Education de la Démocratie, par Guillaume Dall................ 0 fr. 50

L'Almanach de la Patrie Française pour 1900.................. 0 fr. 50

L'Almanach de la Patrie Française pour 1901.................. 0 fr. 50

Les adhésions et les souscriptions à *La Patrie Française* sont reçues à Paris, 97, rue de Rennes.